이 책을 _____ 님께 드립니다.

힐링, 안티 스트레스를 위한

말랑루나의
꿈꾸는
컬러링북

말랑루나의 꿈꾸는 컬러링북

—

2024년 10월 20일 1판 1쇄 인쇄
2024년 10월 30일 1판 1쇄 발행

—

지은이 김효은(말랑루나)
펴낸이 이상훈
펴낸곳 책밥
주소 03986 서울시 마포구 동교로23길 116　3층
전화 번호 02-582-6707
팩스 번호 02-335-6702
홈페이지 www.bookisbab.co.kr
등록 2007.1.31. 제313-2007-126호

—

기획 박미정
디자인 디자인허브

—

ISBN 979-11-93049-53-2(13630)
정가 17,000원

—

책밥은 (주)오렌지페이퍼의 출판 브랜드입니다.

힐링, 안티 스트레스를 위한

말랑루나의 꿈꾸는 컬러링북

김효은(말랑루나) 지음

책밥

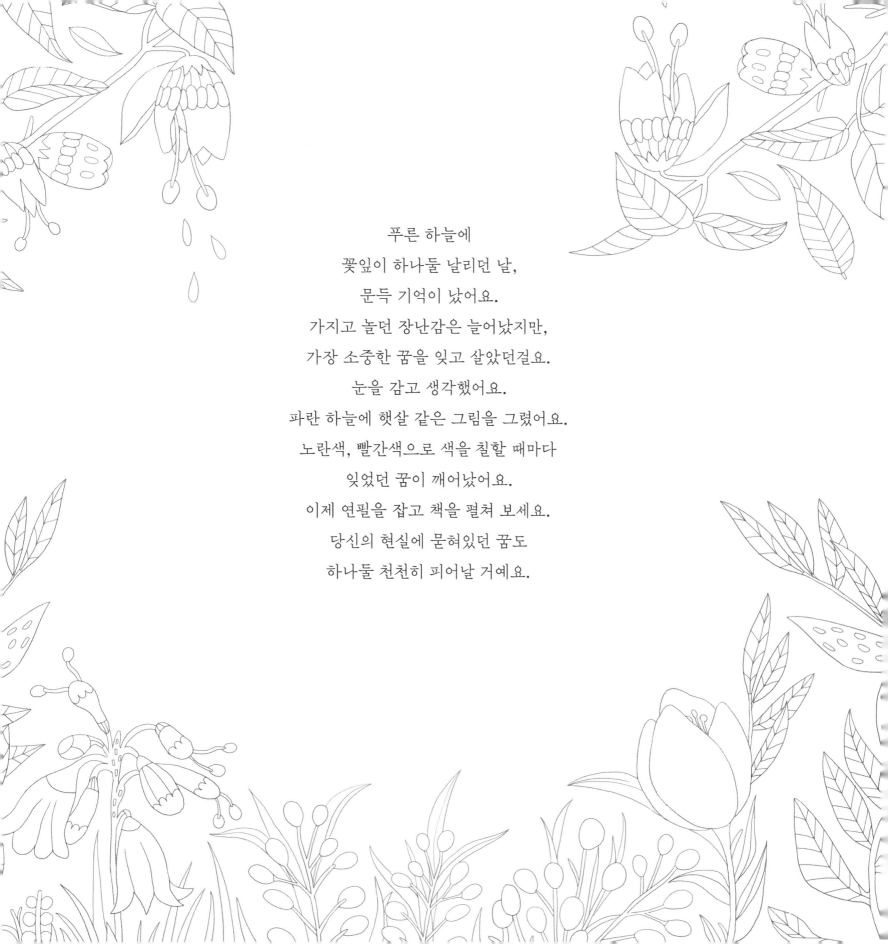

푸른 하늘에
꽃잎이 하나둘 날리던 날,
문득 기억이 났어요.
가지고 놀던 장난감은 늘어났지만,
가장 소중한 꿈을 잊고 살았던걸요.
눈을 감고 생각했어요.
파란 하늘에 햇살 같은 그림을 그렸어요.
노란색, 빨간색으로 색을 칠할 때마다
잊었던 꿈이 깨어났어요.
이제 연필을 잡고 책을 펼쳐 보세요.
당신의 현실에 묻혀있던 꿈도
하나둘 천천히 피어날 거예요.

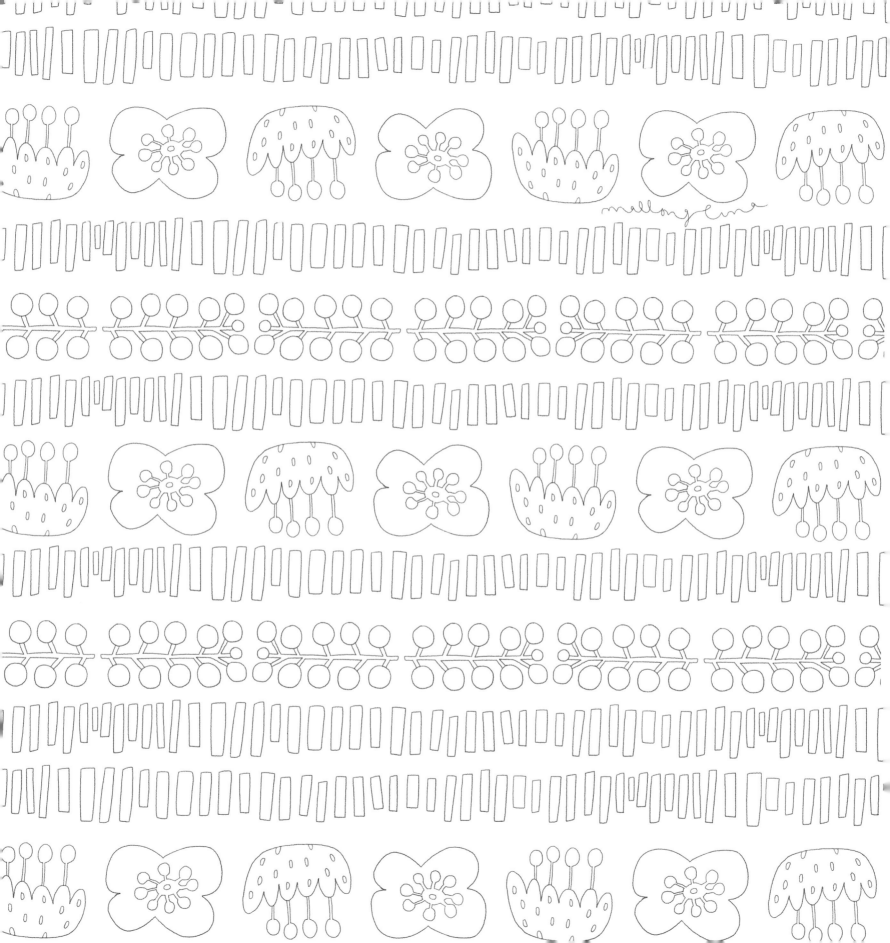